인간은 무엇을 위해서 사는 것일까?

살면서 누구나 한번쯤 갖게 되는 질문에 대해서 아리스토텔레스는 행복이 삶의 목표라고 하였다. 그렇다면 행복이란 무엇이며 어떻게 사는 것이 행복한 삶일까?

모두가 행복한 삶을 위해 부단히 노력하지만 그 목표에 도달하는 사람은 과연 얼마나 될까? 행복에 관한 책들이 이미 너무도 많은데, 서점에 새로운 책들이 계속 쌓이고 있는 것을 보면, 행복에 도달하고자 하는 사람은 많아도 그 목표에 도달한 사람은 별로 없는 것 같다.

행복 찾기!

저자인 나도 내 자신에게 행복에 관한 이야기를 묻는다는 것이 막막했지만, 다른 누군가를 위해서가 아니라 나 자신의 행복에 대해 고민을 하다 보니 포기할 수는 없었고, 그래서 그동안 경험하고 공부했던 모든 것들을 모으고 정리하면서, 나는 꽃이라는 행복 찾기 가이드북을 만들게 되었다.

남들보다 풍요롭고, 남들보다 편안하게 산다는 이유로 행복하다고 생각한다면 그것은 자신을 기만하는 것이다. 경제적으로 힘들고 많은 시련을 겪더라도, 나 자신으로서 사는 것이 행복에는 더욱 가깝다. 그러기 위해서 우리는 먼저 나 자신을 이해하고 내가 살아온 삶을 그대로 껴안을 수 있어야 한다. 지금까지 우리는 세상의 시선을 의식해서 나를 감추고, 나의 실패나 아픔을 지우려 애쓰며 살았는지도 모른다.

내가 진정으로 누구인지, 나는 어떤 삶을 살고 있는지, 그래서 나의 행복은 어디에 있는지, 지금까지 누구에게도, 심지어 나 자신에게도 해 본 적이 없었던 담담한 이야기를 풀어보자.

이 과정을 통해 우리는 스스로가 얼마나 많은 것을 가진 행복한 사람이었는지를 깨닫게 될 것이다. 또한 내게 소중한 사람들이 얼마나 많고, 그들을 얼마나 사랑하는지도 알게 될 것이다. 이것은 나 자신에게 무엇과도 바꿀 수 없는 값진 선물이다. 한 장 한 장에 진심이 담겨지는 만큼, 이 책의 저자인 당신이 더 많은 행복을 선물 받게 될 것이다.

2016 년 5월 29일

저자들을 대표하여 조상윤

천 번쯤 생각했던 것들이지만
이제 겨우 한번 실천해 보는 내 인생

당신의 마음 깊은 곳 하고 싶은 이야기
이곳에 살포시 놓아주세요

마음 깊이 묻었던 이야기
내놓고 싶었던 이야기
그림 하나
사진 하나
남겨주세요

가슴 시려 하지 못했던
쓰디 쓴 이야기
생각만 했던 이야기 이곳에
하나 둘
남겨주세요

그 이야기는 꽃이 되고
향기 되어
아름답게 피어날 거예요

"나는 꽃"을 채워가는 방법

소중한 기억이나 문득 떠오르는 기억들을 내 인생의 자서전으로 남기고 싶을 때 어떻게 써야 할지, 어디서부터 시작해야 할지, 얼마만큼 써야 할지에 대한 고민과 두려움이 먼저 듭니다. 이제 "나는 꽃"을 한 장씩 넘겨가며 명제에 따라 색을 칠하고, 글을 쓰다 보면 누구나가 어렵지 않게 지난날을 회상하며 자신을 돌아보고 그 과정에서 새로운 깨달음과 변화를 경험하고 지금 의 나를 찾게 될 것입니다.
멋진 문장을 만들기 위해 노력하지 말고, 맞춤법이 틀렸는지 신경도 쓰지 말며, 명제에 따라 생각이 나는 대로 진실된 나의 이야기를 쓰다 보면 내 인생의 진정한 꽃인 "나"를 만나게 될 것 입니다.

신선한 준비물

"나는 꽃"은 글과 그림으로 구성되어 있습니다. 필기구, 색칠용 펜, 명함, 사진 그리고 어렸을 때부터 지금까지 변해 온 나의 모습이 담긴 지나온 사진들을 준비하세요. 어딘가 숨겨져 있던 자료들을 찾다 보면 잊고있던 소중한 것을 찾을 수도 있을 것입니다.

조용한 명상

각 단락의 명제를 읽고 바로 구체적으로 채울 수 없을 때는 명상의 시간을 가지세요. 눈을 감고 명제를 떠올려 보면 작은 기억들이 떠올려 집니다. 그 작은 기억들을 하나씩 맞춰 보세요. 그러면 조금 더 명확해지는 답을 찾을 수 있을 것입니다.

진솔한 마음

누가 볼까 두려워하지 마십시오. 꾸미려고도 하지 마십시오. 생각나는 그대로 표현하세요. 만약 피하고 싶은 내용은 굳이 쓰지 않아도 되지만 가급적 용기를 내어 진솔하게 기록해 보세요. 그것 만으로도 치유의 경험을 느낄 수 있을 것입니다.

꾸준한 약속

꾸준함을 유지하세요. 결국 나의 첫번째 자서전 "나는 꽃"을 완성하려면 꾸준한 노력이 필요합니다. 늘 책을 들고 다니면서 시간이 날 때 마다 하나씩 채워가세요. 완성된 이 책은 내게도 특별하지만, 전하게 될 누군가에게는 나의 가장 진실한 마음이 될 것입니다.

심신통합치유 –
자서전쓰기

| 조상윤 | 공재훈 | 김동기 | 김은희 | 유수열 |

목차 / Contents

나는 종종 내 인생이 길을 잃고 방황하는

하루살이 같다는 생각을 했어

아주 잠깐 살다가는 인생인데

태풍에 방향을 잡지 못한 조그만 배처럼 위험천만해 보이는 모습

죽을힘을 다해 달려왔건만 원했던 길이 아닌 느낌

다시 달리기가 힘들어 포기할까 고민하며 달렸는데

또 이상한 곳에 도착한 느낌

언제쯤이면 닿을 수 있을까 늘 걱정이었지

갈 길이 멀어 보이지만 여기서 중간점검을 해보자

자기소개서 / 1부

나는 누구인가
생애주기표
몸 알아차림

나는 누구인가 / Profile

사진

성명	한자(漢字)
영문	생년월일
태어난곳	
가족관계	

학업

경력

종교 및 기타

생애주기표 / Life Cycle Graph

나의 삶에 대해 진지하게 생각해 본 적이 있나요?
나의 과거를 관찰하고, 현재를 분석해 보는 것은
앞으로의 미래를 설계하는데 꼭 필요할 것이다
생애주기표를 통해 나의 삶 전체를 보려고 노력한다면
그 다음에 무엇을 해야 할지 어렴풋이 보이게 된다.

생애주기(Life cycle)란?

생애주기(Life cycle)는 출생에서 죽음까지의 여정을 의미한다.
즉, 과거부터 현재의 경험과 생각을 그래프화하여 '좋음' 과 '나쁨' 으로 표기하고 설명하는 방식을 생애주기표라 할 수 있다.
이는 자신을 조금 더 객관적으로 관찰하고 과거부터 미래를 그려볼 수 있는 미술심리상담 프로그램의 한 종류라고 할 수 있다.

생애 주기표 만드는 방법

1. 잠시 동안 눈을 감고 어린시절부터 현재까지 인생전반에 대해 회상해본다.
2. 가장 먼저 떠오르는 일들에 대한 시기와 그때의 감정을 '생애주기표'의 해당되는 곳에 "행복한 기억인지 불행한 기억인지"점으로 표시한다.
3. 중앙의 가로축은 나이를 의미하며, 세로축은 그 시기에 얼마나 행복했는지를 점수로 표시한 것이며 중앙을 기준으로 위로 갈수록 '행복' 지수가 올라가고 아래로 내려갈수록 '행복' 지수가 내려간다.
4. 위와 같은 방식으로 아래의 예를 참고하여 현재부터 과거로 나이에 해당하는 곳에 점으로 표시하고 완성되면 선으로 연결하여본다.
5. 높은 점수와 낮은점수는 왜 그런지 빈 공간에 간단하게 내용을 적어본다.
6. 현재 나이까지 표기를 했다면 목표수명을 정하고 앞으로의 미래와 감정선도 예측하여 그려본다.

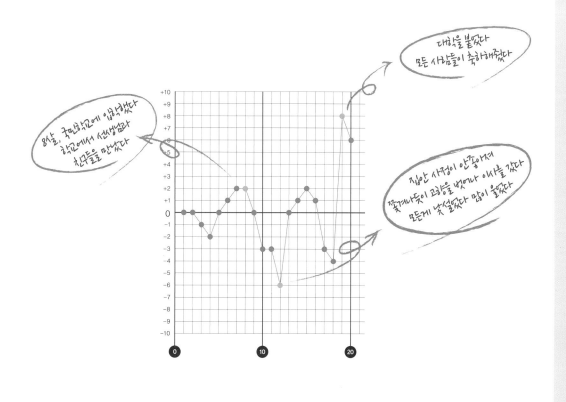

생애 주기표 정리

내가 행복하다고 느꼈던 시절에 대해 순서대로 간단히 기록해주세요

1)

2)

3)

4)

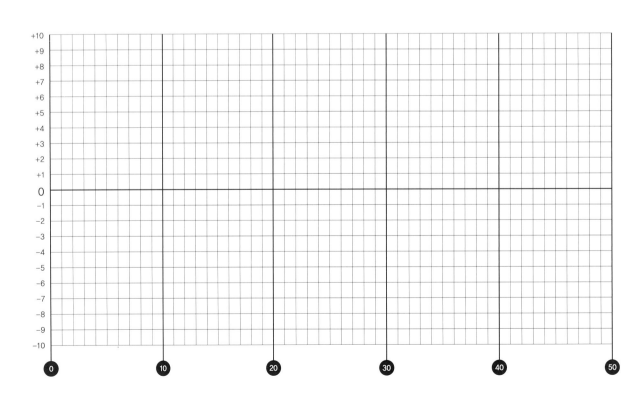

내가 불행하다고 생각했던 시절에 대해 순서대로 간단히 기록해주세요

1)

2)

3)

4)

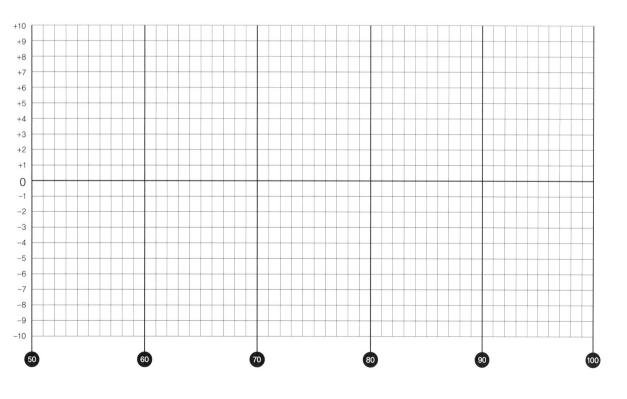

몸 알아차림 / Body Scan

우리가 일상의 삶에서 고통을 받으면
몸과 마음이 반응을 하게 된다
내 몸 상태를 머리끝에서 발끝까지 천천히 살펴보면
나의 몸 어디가 아프다거나 힘들다고 말을 하는 것을 알게 된다.
몸 알아차림을 통해 내 몸의 상태를 알아보고
건강하게 삶을 유지할 수 있는 방법을 알아본다.

몸 알아차림 (Body Scan)이란?
바디 스캔은 미국의 정신과 의사 카밧진 박사에 의해 개발된 MBSR 명상 프로그램의 일부로 미국의 많은 통증 클리닉과
스트레스 클리닉에서 활용하고 있으며 국내의 메트로병원 등 주요 스트레스 크리닉에서도 도입되어 활용하고 있다.
여기서는 전통적인 바디 스캔 방법과는 다르지만 신체감각을 알아차리고 그것을 스캔 하는 방법으로 진행해본다.

몸 알아차림 방법

1. 잠시 동안 눈을 감고 명상을 통해 내 몸 전체의 신체 감각을 느껴본다.
2. 머리 끝에서 발가락 끝까지 내려가면서 몸의 건강한 곳과 이상이 있는 곳에 잠시 머물러 느껴본다.
3. 아래의 예시처럼 바디스캔표에 건강한 부위는 파란색으로, 아프거나 이상한 부위는 빨간색으로 표시하고 증상을 적어본다.

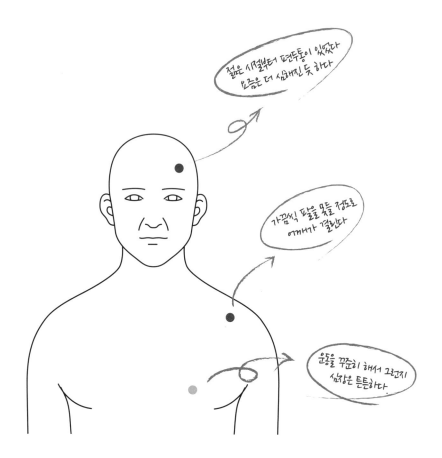

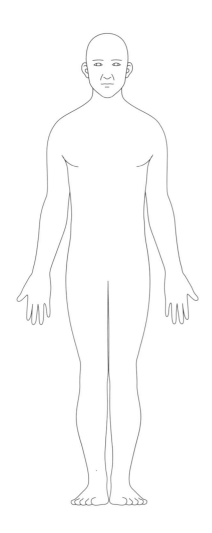

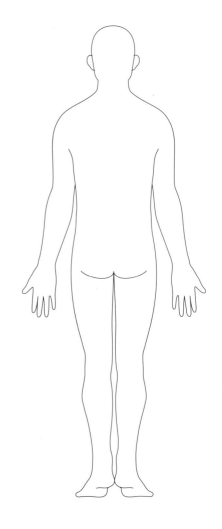

몸 알아차림 정리

내 몸 중 건강하다고 생각되는 부분과 원인을 적어주세요

1)

2)

3)

4)

내 몸 중 아프다고 생각되는 부분과 원인을 적어주세요

1)

2)

3)

4)

아픈 부위를 해결하기 위한 목표를 적어주세요

자신의 살아온 삶의 여정들을 돌아보는 것은

앞으로 다가올 길에 대한 좋은 방향과

생각으로 연결될 수 있도록 해주는 통로가 된다

과거의 기억들을 통해 내 삶의 의미와 통찰력을 얻게 되기 때문이다

즉 과거 자신이 주로 사용했던 삶의 적응방식과 전략을 새롭게 발견하고

그것을 현재의 문제해결에 다시 적용해 볼 수 있다

까마득히 잊고 있었던 지난날의 고난과 역경을 되짚어 보면서

어떻게 그 험난한 과정을 뚫고 나왔는지 되짚어 본다

나는꽃 / 2부

Chapter. 01 | **소년**

목을 젖히면 하늘이 보이고
얼굴을 내리면 땅이 보이고
눈을 돌리면 사람이 보인다
그런데 넌 한 곳만 보는구나

손을 올려 구름을 따고
발을 옮겨 꽃과 대화하고
마음을 열어 친구를 만들어
그러면 너에게 다른 세상도 보일거야

개나리 (Forsythia koreana)
꽃말 : 희망, 기대, 깊은 정, 달성

어린시절 살던 동네에 대한 기억을 적어보세요

_____

_____

_____

_____

_____

_____

어린시절 우리 가족은 어떤 모습이었나요

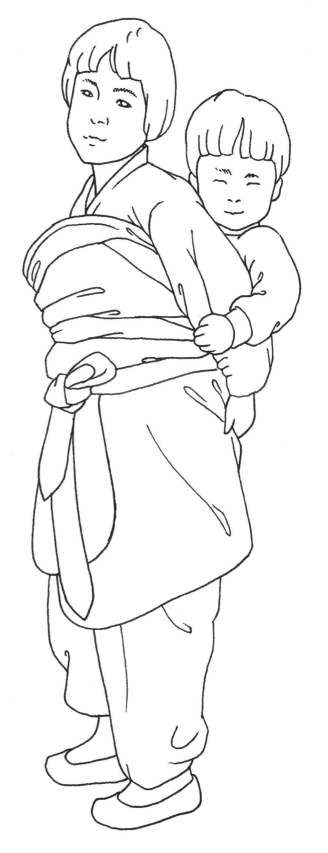

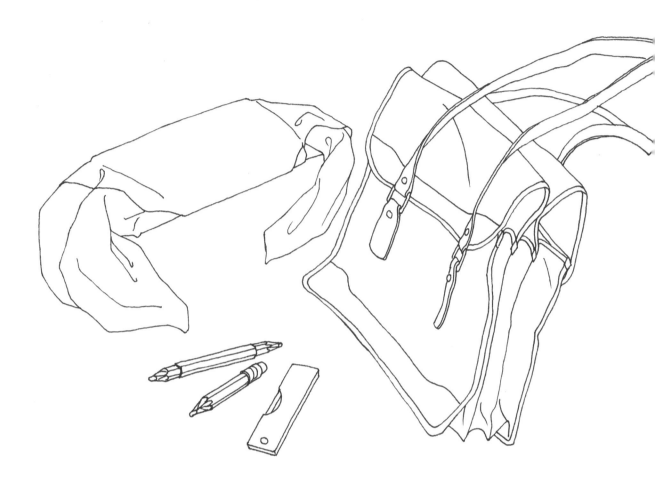

하얀 손수건을 가슴에 달고 앞으로 나란히 줄 맞추던 입학식, 그곳을 떠올려 보세요

초등학교(국민학교) 때 나는 어떤 학생이었나요

소풍가는 날은 어떠셨나요

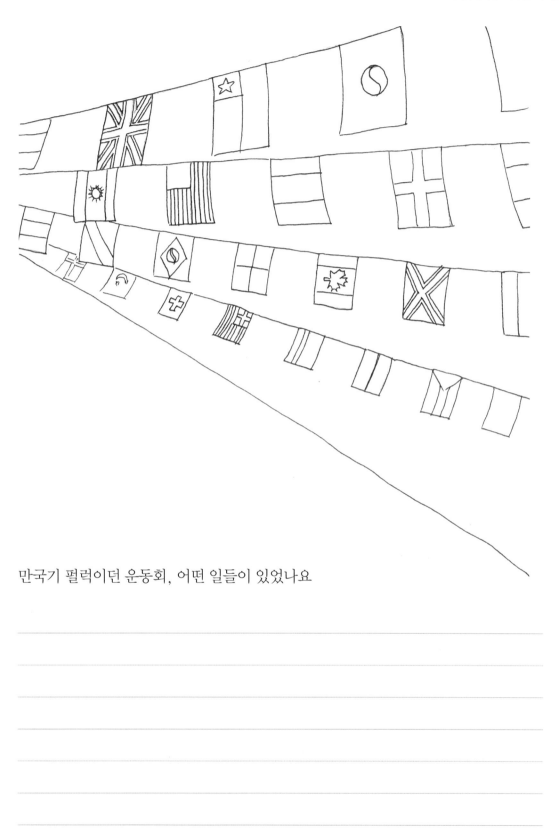

만국기 펄럭이던 운동회, 어떤 일들이 있었나요

친구들과 어떤 놀이를 하였나요

친구들과 골목길 즐겨먹던 군것질거리는 어떤 것이 있었나요

사진틀

　년　　월　　일

사진틀

년   월   일

소년기 기억에 남는 일은 무엇인가요?

소년기 기억에 남는 장소는 어디인가요?

소년기 고민은 무엇인가요?

소년기 보고 싶은 사람은 누구인가요?

소년기 나를 힘들게 했던 사람은 누구인가요?

소년기 기타 기억에 남는 것들을 정리해주세요

소년기 기타 기억에 남는 것들을 정리해주세요

Chapter. 02 | 청년

열정과 낭만

똑 같은 하루는 없다
똑 같은 시간도 없다
그래서 지금 이 순간이 소중하다

똑 같은 내일은 없다
똑 같은 일도 없다
하지만 그 속에 내가 있다

즐기던가
노력하던가

장미 (Rose)
꽃말 : 열렬한 사랑, 순결함, 우정과 영원한 사랑

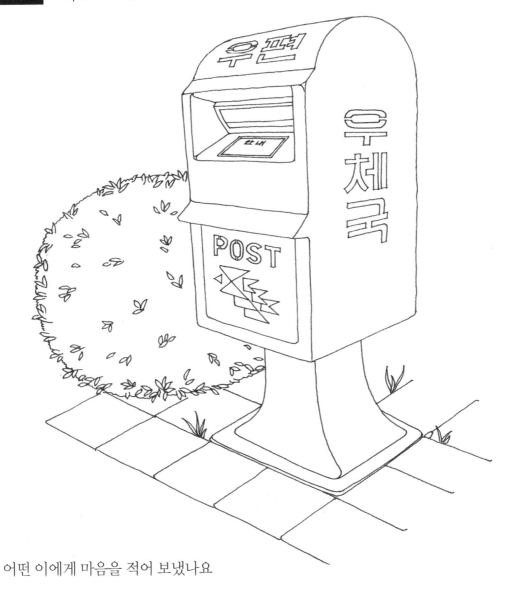

어떤 이에게 마음을 적어 보냈나요

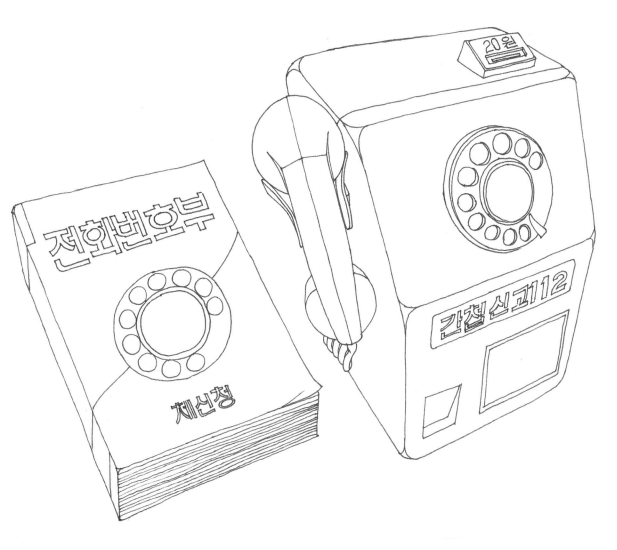

공중전화로 누구와 통화를 하였나요

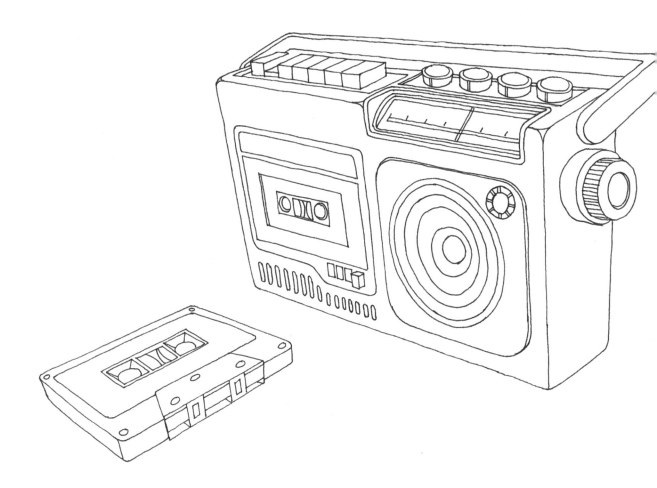

즐겨듣던 노래가 있었나요

토큰을 기억하나요

군대란 어떤 의미 인가요

당신은 멋쟁이였나요

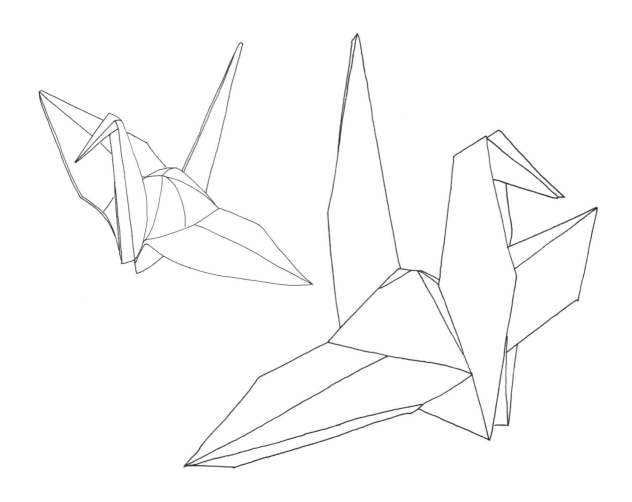

소원을 이뤄준다는 종이학 접어보았나요

누구와 어디로 여행을 갔었나요

사진틀

년   월   일

사진틀

년   월   일

청년기 기억에 남는 일은 무엇인가요?

_____

_____

_____

_____

청년기 기억에 남는 장소는 어디인가요?

_____

_____

_____

_____

청년기 고민은 무엇인가요?

_____

_____

_____

_____

청년기 보고 싶은 사람은 누구인가요?

청년기 나를 힘들게 했던 사람은 누구인가요?

청년기 기타 기억에 남는 것들을 정리해주세요

청년기 기타 기억에 남는 것들을 정리해주세요

Chapter. 03 | **성년**

선택과 집중

걸어온 시간만큼

걸어가야 할 시간이 남았다면

가끔은 앉아서 쉬어가

얼마나 더 가야할지에 대한 걱정보다

얼마나 잘 걸어왔는지 칭찬도 해주고

앞만 보지 말고

뒤도 돌아봐

그러면 내가 걸어온 길이 보일꺼야

방울꽃 (Strobilanthes oligantha)
꽃말 : 만족

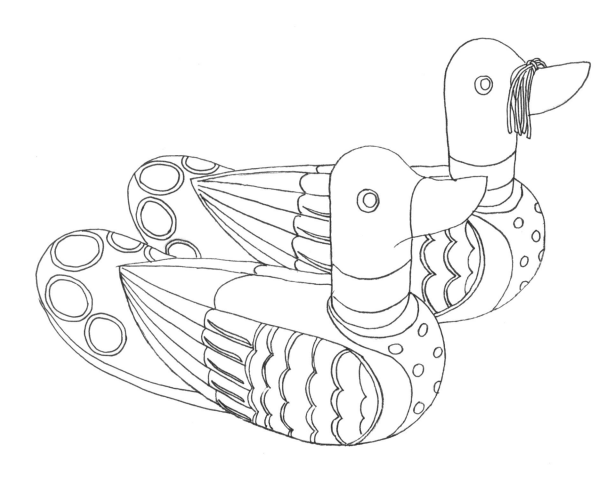

나의 배우자는 어떻게 만났나요

나의 가족은 어떤 모습인가요

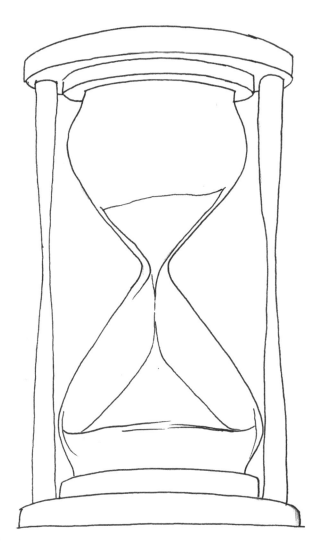

쳇바퀴 돌 듯 반복되는 일상을 보내고 계신가요

직장생활은 어떻게 하셨나요

가장 빛났던 일은 무엇인가요

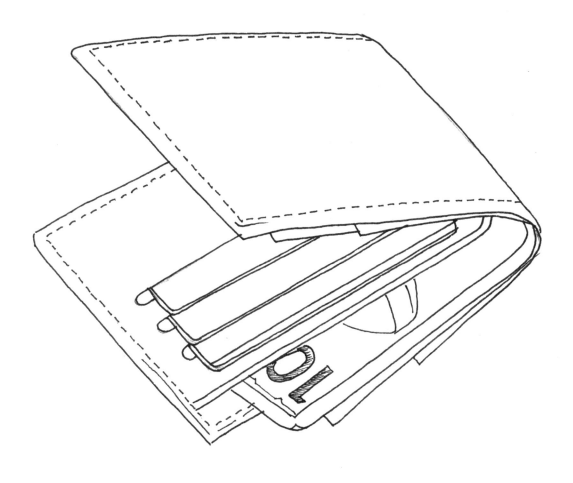

돈은 어떤 의미인가요

언제 술을 마시나요

오늘도 내 발과 함께 걸었을 구두에게 하고 싶은 이야기가 있으신가요

_____

_____

_____

_____

_____

_____

_____

사진틀

년   월   일

사진틀

년   월   일

성년기 기억에 남는 일은 무엇인가요?

성년기 기억에 남는 장소는 어디인가요?

성년기 고민은 무엇인가요?

성년기 보고 싶은 사람은 누구인가요?

성년기 나를 힘들게 했던 사람은 누구인가요?

성년기 기타 기억에 남는 것들을 정리해주세요

성년기 기타 기억에 남는 것들을 정리해주세요

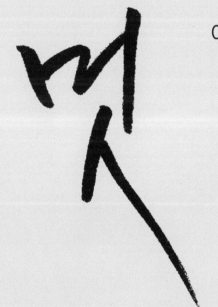

Chapter. 04 │ **장년**

꽃을 보고 아름답다 생각했다
나비를 보고 자유롭다 생각했다
들판을 보고 드넓다 생각했다

그런 당신을 보며
누군가는 멋지다 생각한다

당신은 누군가에게 정말 멋진 사람이다

매화 (Prunus mume)
꽃말 : 고결한 마음, 맑은 마음

거울에 비친 나의 모습은 어떤가요

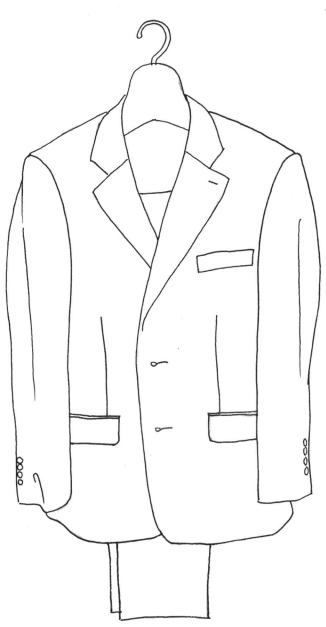

옷걸이에 걸려 있는 양복은 어떤 기억이 있나요

그리운 음식이나 맛이 있나요

_____

_____

_____

_____

_____

_____

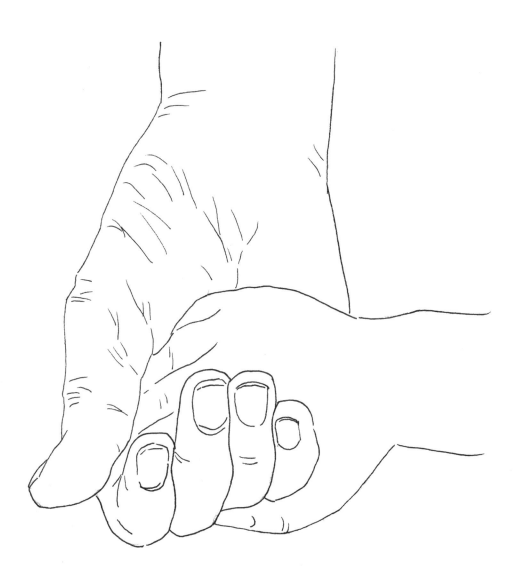

따뜻한 어머니의 손을 기억하나요

어버이날 무엇이 생각나는가요

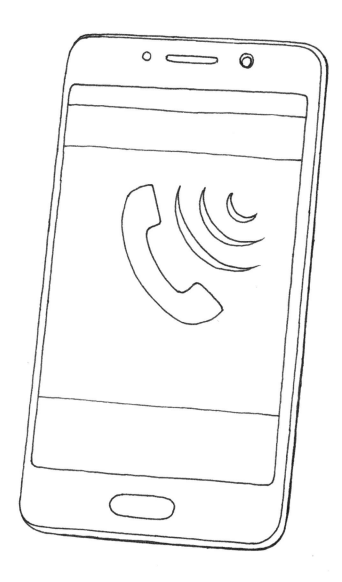

지금 보고 싶은 사람이 있나요

따뜻한 차 한잔 나누고 싶은 사람은 누구인가요

당신의 취미는 무엇인가요

사진틀

년　　월　　일

사진틀

년   월   일

장년기 기억에 남는 일은 무엇인가요?

_____

_____

_____

_____

장년기 기억에 남는 장소는 어디인가요?

_____

_____

_____

_____

장년기 고민은 무엇인가요?

_____

_____

_____

_____

장년기 보고 싶은 사람은 누구인가요?

장년기 나를 힘들게 했던 사람은 누구인가요?

장년기 기타 기억에 남는 것들을 정리해주세요

장년기 기타 기억에 남는 것들을 정리해주세요

나 자신은 너무나 평범했지만

그러한 삶의 이야기 속에 가장 아름다운 사랑과 진리가 들어있다

개인적이고 독특하기도 했지만

자신의 삶에 대해 특별하게 현재를 알아차림 해보자

이과정은 나를 드러낸다기보다는 자신을 정리한다는 의미가 더 크다

자연의 변화나 주위 사람의 변화

자신의 노화에 대한 수용 등 다양한 방식으로

나를 표현해보는 시간을 통해 새로운 나를 본다

나의 꽃 / 3부

삶의 요모조모 / Various Sides of Life

이 글을 읽는 사랑하는 사람에게
들려주고 싶은 내 삶의 철학

"나를 잘 아는 사람들은 내가 어떻게 사는지 잘 아시겠지만
나에 대해 궁금해 할 일상을 살짝 소개해 드립니다"

1. 인생의 좌우명은 무엇인가요

2. 살고 있는 집은 어떤 곳인가요

3. 지금 가지고 싶은 것은 무엇인가요

4. 숨기고 싶은 비밀은 무엇이 있나요

5. 현재 가장 큰 고민은 무엇인가요

6. 가장 친한 친구는 누구입니까

" 내가 잘하는 것 "

1. 내가 잘하는 요리비법을 알려드릴께요

2. 내가 잘하는 노래 궁금하시죠

3. 내가 잘하는 운동 궁금하시죠

" 내가 좋아하는 것 "

"내가 좋아하는 노래, 요리, 취미, 장소, 영화, 책, 학교선생님, 동료 등을 기록해본다"

" 내가 좋아하지 않는 것 "

"어떤 이유로 좋아하지 않는 무엇(사물, 사람, 행동 등)이 있다면 기록해본다."

" 비워야 할 것 "

주위에 있는 유형, 무형의 모든 것을 통틀어
지우고 싶거나 비워야 할 것 5가지를 적어주세요.

1.

2.

3.

4.

5.

" 채워야 할 것 "

주위에 있는 유형, 무형의 모든 것을 통틀어
간직하고 싶거나 채워야 할 것 5가지를 적어주세요.

1.

2.

3.

4.

5.

자화상 / Self-Portrait

" 내 얼굴의 특징 "

장점

단점

나에게 주고 싶은 상 / Self Award Certifiacate

" 세상에 단 하나밖에 없는 나 "
가장 소중한 나에게 주고 싶은 상을 만들어 보세요

제 000001호

표 창 장

부문

성명

　위 사람은 맡은바 임무를 수행함에
있어 창의적인 사고와 뛰어난 실력으로
해당 부문에서 크게 두각을 나타내며
솔선수범 하는 자세로 타의 모범이
되었으므로 이에 표창장을 수여합니다.

20 　년　월　일

내 삶의 철학 / Philosophy of Life

세상이 온갖 위선들로 어지럽다. 이 혼탁한 세상에 나는 가족에게, 혹은 사랑하는 사람에게 무엇을 남기고 싶은가?

사랑, 믿음, 정직, 나눔, 배려, 소신, 떳떳함, 남자다움, 현모양처, 음식 솜씨, 몸매, 당당함, 성실 ....

이 글을 읽게 될 사랑하는 누군가에게 내가 삶에서 추구했던 삶의 철학 혹은 이상이 무엇이었는지 들려주었으면 한다.

내가 인생에 가장 중요하게 생각했던 삶의 방식이어도 좋고, 추구했던 삶의 형태도 좋다.

간략하게 적어보자.

" 나의 삶의 철학을 적어보세요 "

" 칭 찬 "

2500년 전 히포크라테스는 건강하다는 것을 몸과 마음의 균형으로 보았다. 그래서 그는 마음에 영향을 미치는 것은 무엇이든 몸에 영향을 미치며 또한 몸도 마음에 지대한 영향을 미친다고 했다. 그래서 그는 몸이 아프면 마음까지 함께 치료해야 한다고 주장했고 웃음이야말로 몸과 마음을 함께 치료하는 최고의 치료수단이라고 했다.

한마디로 몸만 웃는 게 아니라 마음까지 함께 웃어야 한다는 뜻이다. 마음은 어떻게 웃는 걸까? 바로 칭찬과 감사, 용서를 통해서 가능하다고 하는데 여기서 실천해보자.

칭찬해줄 사람이 있다면 누구이고 어떤 부분을 칭찬해주고 싶은가?

_____

_____

_____

_____

_____

나 자신이 스스로에게 칭찬해 주고 싶은 내용은 무엇인가?

_____

_____

_____

_____

_____

"감 사"

미국의 대학교수 로버트 에몬스는 '사람들에게 매일 또는 매주 5개씩 감사한 것들을 쓰게 했더니 그렇지 않은 사람보다 건강이 좋고 스트레스를 덜 받는 것으로 나타났다'고 밝혔다. 감사는 우리의 영혼을 맑게 하며 건강하게 한다고 하는데 여기에 실천해보자.

내 주위의 감사한 것들은 무엇이 있는지 생각해 보고 기록해보자

_____

_____

_____

_____

감사를 표현해야 하는 사람에게 하지 못한 적이 있었다면 여기에 기록해보자

_____

_____

_____

_____

_____

"용 서"

우리는 살아가며 누군가를 상처 주기도 하고, 누군가에게선 상처를 받기도 한다.
심리학자인 리 잼폴스키 박사는 마음의 평화와 웃는 삶을 방해하는 생각들을 청소하는 데는 용서가
가장 효과적인 해결책이라 주장하면서 하루를 시작할 때 '5분 용서시간'을 가지라고 권한다. 이 시간
에 그동안 우리가 살아가면서 만난 모든 사람에 대해 생각하라는 것이다. 용서는 마음의 무게를 덜어
주며 삶을 놀랍도록 가볍게 만들어준다. 그래서 용서는 무조건적이어야 한다.

누군가에게 용서를 구합니다

누군가를 용서합니다

인간은 누구나 과거에 이루지 못한 일들에 대한

미련과 회한을 가지고 있다

마주치고 싶지 않은 과거 속의 인물들

생각조차 하고 싶지 않은 상처와 감정들도

시간의 흐름 속에 자연스럽게 정화되어 간다

미래의 나는 어떤 모습으로 재탄생하길 원하는가

과거의 부속물로 존재하지 않는 새로운 나를 그려보자

이 작업을 통해 우리는 과거에 대한 회상을 바탕으로

다가올 미래와 남은 생을 계획하는 훌륭한 길잡이가 될 것이다

다시 꽃으로 / 4부

자유 여행 / Liberty Travel

" 진정한 여행은 시간과 돈이 아니라
떠날 수 있는 용기만 있으면 된다 "

세상 어디라도 갈 수 있는 비행기 티켓이 있습니다
언제 어디로 누구와 함께 가시겠습니까?

앞쪽 비행기 티켓에 본인 이름과 가고싶은 날짜, 도착지를 적어주세요
뒤쪽 비행기 티켓에 함께 가고 싶은 분의 이름을 적어주세요

자유 입장권 / Free Admission Ticket

" 안가는 것이지 세상에 가지 못할 곳은 없다 "

원하는 곳에 들어 갈 수 있는 입장권이 있습니다
어떤 곳을 누구와 함께 입장하시겠습니까?

입장권에 본인 이름과 함께 들어가고 싶은 분 이름, 사용할 장소를 적어주세요

희망 직업 / Hope Occupation

" 나무를 보지말고 숲을 보아라 "

제2의 삶을 꿈꾸는 당신에게
필요한 직업은 무엇일까요?

이루지 못한 꿈, 가지고 싶었던 직업 또는 도전하고 싶은 자격증을 적어주세요

국가기술자격증

National Technical Gualification Certificate

자격번호 : **0216-IF-000273**

종　목 :

성　명 :

생년월일 :　　　　　년　　　월　　　일

위 사람은 국가기술자격증을 취득하였음을 증명함

소원나무 / Wish Tree

" 꿈을 가진 자만이 꿈을 이룬다 "

소원 나무에 나의 소원 10개를 만들어 보세요

나뭇잎에 소원 리스트를 적어주세요

유언장 / Wills

" 기록하지 않으면 전달 할 수 없는 것들이 있다 "
사랑하는 사람에게 전하고 싶은 내 삶의 첫 유언장을 만들어 보세요

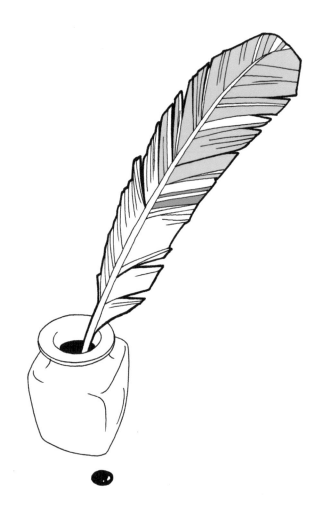

유언장 쓰는 방법

유언장을 작성하여 법적인 효력이 있기 위해 반드시 지켜야 할 5가지 필수 요소가 있다.

❶ 전문(유언의 내용)
❷ 작성 년 월 일
❸ 주소
❹ 성명
❺ 도장(날인)이 반드시 있어야 한다.

또한 유언의 전문은 모두 유언자의 자필로 작성해야 하며, 컴퓨터로 작성하여 프린터로
출력한 것은 안 된다. 또한 유언자가 구두로 말하고 제3자가 받아 적은 경우도 무효가 된다.
일반적으로 유언장의 내용은 아래의 내용으로 작성하면 된다.

① 전문

　가족 및 지인 등에게 하고 싶은 말과 원하는 내용을 기록한다.

　즉, 재산을 누구에게 얼마만큼 지급할 것인지와

　장례방식, 유언 집행자를 누구로 할 것인지도 기록한다.

② 작성 년 월 일

　유언장을 작성하는 년, 월, 일을(예 : 2016년 7월 22일) 명확하게 기재하거나

　가족 등이 알 수 있는 결혼기념일, 생일 등의 표현도 가능하다.

③ 주소

　주소는 유언장을 작성하는 사람의 주소를 기록한다.

　주민등록상의 주소와 일치하지 않더라도 현재 생활하고 있는 곳을 적으면 된다.

　가능하면 유언의 전문 중 한쪽에 적는 것이 좋으나 유언을 담고 있는 봉투에 적어도 가능하다.

④ 성명

　유언자의 성명 역시 자필로 해야 한다.

　'이몽룡'과 같이 본명을 기록하는 것이 좋고, 예명이나 호를 사용해도 가능하다.

⑤ 도장

　가장 중요한 것으로 도장을 찍거나 서명을 반드시 해야 한다.

유언장

성   명 :   (인)

생년월일 :

주   소 :

유 언 자 _____ 은 이 유언서에 의하여 다음과 같이 유언을 한다.

가족에게 전하는 말

_____

_____

_____

_____

_____

_____

나를 행복하게 해주었던 분들에게 전하는 말

_____

_____

_____

_____

_____

_____

재산분할에 대해서

덧붙이는 말

20   년   월   일

유언자   (인)

또다른 꽃 / 5부

부록 / 사전의료의향서

사전의료의향서 / Advance Directives

임종을 앞둔 환자 혹은 회생 가망성이 없는 환자가 원치 않는 연명치료를 중단하도록 허용한 '호스피스·완화의료 및 임종과정에 있는 환자의 연명의료 결정에 관한 법률안(웰다잉법)'이 통과되었다.

즉 회생 가능성이 없고 죽음이 임박한 말기 환자가 의료기기에 의존해 생명을 이어가는 무의미한 연명치료를 중단할 수 있다는 것이다. 이는 임종을 앞둔 환자에게 스스로 삶을 정리할 수 있는 선택권이 생긴 것으로, 연명의료 중단은 회생가능성이 없는 환자가 적극적인 치료를 포기하는 과정이며 일반적으로 생각하는 안락사와는 의미가 다르다.

사전의료의향서의 가장 일반적인 방법은 환자가 자신의 의사를 표시할 능력이 있을때 환자가 직접 사전의료의향서를 작성하고 의사는 추가로 환자의 뜻을 담은 연명의료계획서를 제출하면 요건이 성립된다.

환자의 의사 능력이 없고 예전에 어떤 의사를 밝혔는지 알 수 없을 때는 환자 가족 전원이 합의하고 담당 의사와 해당 분야 전문의 등 의사 2명이 이를 확인하는 절차를 밟는다. 미성년자는 법정 대리인이 결정하고 의사 2명이 확인한다.
또 말기 환자가 사전에 사전의료의향서를 작성했더라도 나중에 마음이 바뀌면 철회하거나 수정할 수 있다.

환자가 연명의료를 중단하겠다는 뜻을 명확히 밝혔는데도 다른 가족이 이를 반대해도 환자의 결정은 우선적으로 따르도록 한다.
연명의료가 중단되더라도 모든 의학적 처치가 없어지는 것은 아니고 물이나 영양, 단순 산소는 계속 공급되며, 통증을 줄여주는 치료도 계속된다.
다만 인공호흡기 착용, 혈액투석, 항암제 투여 등 적극적인 치료가 중단될 뿐이다.
이에 동의한다면 첨부된 자료에 자신의 의사를 표시하면 되는 것이다.

[출처] 사전의료의향서 실천모임

나(이름 :   )는 의식이 명료한 만 20세 이상의 성인입니다.
이 사전의료의향서는 내가 죽음에 임박하여 치료에 대한 결정을 스스로 내릴 수 없게 될 경우에 대비하여 의료진의
치료 방침 결정에 참고하도록 작성하였습니다.
나는 언제라도 이 사전의료의향서를 변경하거나 철회할 수 있음을 알고 있습니다.

I. 필수 선택 항목

1. 적용 시기 (복수 선택 가능)

☐ **뇌사(腦死) 상태** : 의료진이 뇌사판정기준 및 뇌사판정절차에 따라 뇌 전체의 기능이 되살아날 수 없는 상태로 정지
되었다고 판단한 경우

☐ **질병 말기 상태** : 질병 말기 상태에 이르러 건강 회복이 어려우며 단기간 내에 사망가능성이 높은 것으로 의료진이
판단하고, 스스로 의사(意思)를 결정할 수 없는 경우

☐ **노화(老化)로 인한 죽음 임박 상태** : 특정 질병 없이 노화로 인해 몸의 모든 장기와 조직이 기능을 다하여 죽음에
이르렀다고 의료진이 판단하고, 스스로 의사(意思)를 결정할 수 없는 경우

2. 연명치료의 거부 또는 중단 지시

위에서 선택한 적용 시기에 심폐소생술 시행[1]과 기도 삽관 및 인공호흡기 적용[2]과 같은 생명유지장치를 사용하는 것이
단지 죽음의 시기를 늦추는 이상의 의미가 없다고 의료진이 판단하면 **심폐소생술 시행과 생명유지장치 사용을 시작하지
않거나 또는 중단하며** 가족들과 함께 할 수 있는 곳에서 존엄하게 죽음을 맞이하기 원합니다.

신체적 · 정신적 고통을 줄이는 **통증조절과 청결하고 편안하게 지낼 수 있는 서비스의 제공[3]**은 원합니다.

1) **심폐소생술**에는 심장마사지, 강심제(심장기능회복약물)나 승압제(혈압상승약물) 투여, 제세동기 적용, 인공호흡 등
이 포함됩니다.

2) **기도 삽관**은 호흡이 곤란한 환자의 기도 내 이물질 제거와 인공호흡과 기도 유지가 가능하도록 입이나 코를 통하여
관을 삽입하는 것입니다.
인공호흡기 적용은 환자 스스로 호흡이 곤란한 경우, 기도 삽관을 하고 기계적 환기 장치를 이용하여 환자의 호흡을 도와
주는 방법입니다.

3) **청결 서비스**에는 체온유지, 수분공급, 욕창예방, 배변과 배뇨 도움 등이 포함됩니다.

II. 임의 선택 항목

1. 치료 검사 선택

※ 이 항목은 위에서 선택한 지시 외에 구체적인 치료 검사를 결정하기 위한 것입니다.

※ 이 항목은 담당의사 또는 전문가의 조언에 따라 선택할 수 있고, 전혀 선택하지 않아도 됩니다.

※ 본인이 선택하지 않을 경우 대리인이 결정하게 됩니다.

의학적 치료 종류	원합니다	원하지 않습니다
영양공급[4]		
혈액투석[5]		
계속적인 수혈, 혈액검사		
항암제 투여		

4) **영양공급**이란 입으로 음식물을 먹지 못하는 경우 인위적으로 영양을 공급하는 것을 의미하며, 경장영양과 정맥
영양이 있습니다.
경장영양은 코에 줄을 넣어 영양을 공급하는 방법이며, **정맥영양**은 영양소가 배합된 주사약(수액)을 정맥혈관을
통해 투입하는 방법입니다.

5) **혈액투석**은 혈액을 인공신장기로 순환시켜 혈액 속의 노폐물을 여과 · 제거하는 방법입니다.

2. 추가사항

인공심박조율기(pacemaker) 등과 같은 특수 의료기기의 삽입, 장기기증 서약을 하였는지 여부 등 기타 의료진에게 도움이 되거나 가족에게 남기고 싶은 말을 자유롭게 적어주십시오.

III. 대리인 지정

나는 의사(意思)결정 능력을 상실할 경우에 대비하여 **2인의 대리인**을 지정합니다.
대리인은 모두 만 20세 이상의 성인이며, 평소 나의 생명에 대한 가치관과 인생관을 충분히 이해하고 있는 가족 또는 친지입니다. **나는 언제든지 대리인을 변경 또는 철회할 수 있음을 알고 있습니다.**

선(先)순위 대리인	성 명 : 전 화 :	주민등록번호 : 관 계 :
후(後)순위 대리인	성 명 : 전 화 :	주민등록번호 : 관 계 :

※ 대리인의 사망, 연락 두절 등 예기치 못한 상황에 대비하여 대리인을 반드시 2인으로 지정합니다

IV. 원본 및 사본의 관리

이 사전의료의향서의 원본은 본인이 보관하며, 사본은 다음과 같이 보관합니다.

☐ 보건복지부 지정 생명윤리정책연구센터	주소 : 120-752 서울시 서대문구 성산로 457 연세의료원 종합관 307호 생명윤리정책연구센터 전화 : 02-2228-2670~2　　　팩스 : 02-2227-7728 홈페이지 : www.bprc.re.kr　　　이메일 : bprc@bprc.re.kr
☐ 기타 다른 곳 (본인 보관 포함)	주소 : 전화 :

※ 사본 보관 장소를 생명윤리정책연구센터로 선택한 경우 사본을 동봉하여 등기우편으로 보내주십시오.

V. 작성자의 기명 날인

작성자	성 명 : 전 화 :	서명 /인	주민등록번호 : 관 계 :
입회인 (증인)	성 명 : 전 화 :	서명 /인	주민등록번호 : 관 계 :
서명일시	년　　월　　일　　시　　분		

이 사전의료의향서는 나의 의사(意思)에 따라 언제라도 변경 또는 철회가 가능합니다.

나는 꽃

봄, 세상의 기운이 피어나는 봄
내 마음에는 예쁜 꽃망울이 피어
내 가슴에 예쁜 꽃을 피우네

여름, 뜨거운 여름
내 마음에도 솟구치는 열정 하나
그 열정 나는 뜨겁게 즐겼구나

가을, 포도나무에 매달린 가을
달콤함처럼 많은 얼굴과 사연
그 꽃들이 모여 풍요로웠구나

겨울, 하얀 눈 덮인 포근한 겨울
세상은 이토록 아름다웠구나
눈 속 맨살들은 눈꽃송이들로 따뜻하여라

다시 봄은 시작되고
나는 또 꽃을 피우리
아름다운 나의 꽃을

수선화 (Narcissus)
꽃말 : 자기 사랑, 자존심, 고결

루드베키아 (Rudbeckia)
꽃말 : 영원한 행복

코스모스 (Cosmos)
꽃말 : 순정

프리지아 (Freesia)
꽃말 : 천진난만, 자기사랑

제비꽃 (Manchurian Violet)
꽃말 : 겸양, 수줍은 사랑, 순진 무구한 사랑

동백꽃 (Camellia japonica)
꽃말 : 누구보다 그대를 사랑합니다, 비밀스런 사랑

라일락 (Lilac)
꽃말 : 첫사랑, 젊은 날의 추억

국화 (Chrysanthemum)
꽃말 : 성실, 청초

튤립 (Tulip)
꽃말 : 사랑의 고백, 매혹, 영원한 애정, 경솔

지자 소개 / Profile

조 상윤 / Cho Sang Yun

국제사이버대학교 보건복지행정학과장
심신통합치유학 박사
메트로병원 심신통합치유센터 / 스트레스클리닉 운영
웃음치료이론과 실제, 스트레스의 통합치유(2014 세종도서) 외

유 수열 / Yoo Soo Yeol

국제사이버대학교 보건복지행정학과 조교
수원대학교 행정대학원 아동복지전공
사회복지사 / 보건교육학사 / 아동학사 / 청소년지도사
미술심리상담사 / 스트레스관리전문가 과정이수 / 상담전문가 과정이수

공 재훈 / Kong Jae Hoon

現)모바일리더 기획팀 부장
미술학사 / 보건교육학사 / 사회복지사
미술심리상담사

김 동기 / Kim Dong Ki

現)글래스하퍼 크리에이티브 대표
미술학사 / 사회복지사 / 보건교육학사
미술심리상담사

김 은희 / Kim Eun Hee

미술학사 / 사회복지사 / 보건교육학사
미술심리상담사
前)중학교 미술교사

주저자 | 이 책을 소유하신 분이 주저자이십니다.
공저자 | 조상윤, 공재훈, 김동기, 김은희, 유수열

기획인 | 조상윤, 공재훈
발행인 | 김동기
편집인 | 공재훈, 김동기, 김은희
디자인 | 공재훈, 김동기, 김은희
마케팅 | 조상윤, 유수열

발행처 | 글래스하퍼 크리에이티브
출판신고 | 2016년 05월 13일 제 2016-000083호
주소 | 경기도 고양시 덕양구 소원로 47, 611동 1304호
전화 | 031-229-6264 / 070-8750-8453
팩스 | 031-624-5719
이메일 | grasshopper.book@gmail.com

ISBN 979-11-958099-0-5 13190
2017년 9월 30일 개정신판 1쇄 발행
2016년 5월 29일 초판 1쇄 발행
정가 17,000원

이 도서의 국립중앙도서관 출판예정도서목록(CIP)은 서지정보유통지원시스템 홈페이지(http://seoji.nl.go.kr)와
국가자료공동목록시스템(http://www.nl.go.kr/kolisnet)에서 이용하실 수 있습니다.(CIP제어번호: CIP2016012690)

나는 꽃

심신통합치유 –
자서전쓰기